# UN AMI DE L'ENFANCE

## ou

# NOTICE

### SUR LE

# CHER FRÈRE ANGILBERT

### né Auguste LAMARCHE

DE

*l'Institut des Petits-Frères de Marie*

DES ÉCOLES

NICE

Imprimerie du Patronage Saint-Pierre

1, Place d'Armes, 1.

1889

## LIBRAIRIE DU PATRONAGE SAINT-PIERRE
### NICE. 1, Place d'Armes, 1. NICE.

## Œuvres de Don Bosco

**Le Catholique dans le Monde** ; entretiens familiers d'un père avec ses fils sur la religion. Un vol. in-16, de 400 pages. Prix 2 fr.; par la poste 2 fr. 50.

**La Jeunesse Instruite** de la pratique des ses devoirs et des exercices de la piété chrétienne, suivi de l'office de la Sainte Vierge, de l'office des morts et des Vêpres de toute l'année. — Deuxième édition, un vol. in-32, 510 pages.
  Relié en toile noire, tranche couleur . Fr. 1 00
  » en demie basane . . . . . . . » 1 00
  » en mouton, tranche couleur . . » 1 50
  » » » dorée . . . » 2 25
  franco par la poste 30 cent. en sus.

**Vie du jeune Savio Dominique**, élève de l'Oratoire de Saint-François-de-Sales. Prix 0 fr. 30; franco 0 fr. 35.

**Michel Magon**, élève de l'Oratoire de St-François-de-Sales, notice. Prix; 0 fr. 30; franco 0 fr. 35.

**Le Petit Pâtre des Alpes** ou **Vie du jeune François Besucco** d'Argentera. Prix 0 fr. 30; franco 0 fr. 35.

**Pierre** ou la puissance d'une bonne éducation, cu-

# NOTICE
### SUR LE
# CHER FRÈRE ANGILBERT

# UN AMI DE L'ENFANCE

ou

# NOTICE

SUR LE

# CHER FRÈRE ANGILBERT

né Auguste **LAMARCHE**

DE

l'Institut des Petits-Frères de Marie

DES ÉCOLES

**NICE**
Imprimerie du Patronage Saint-Pierre
1, Place d'Armes, 1.

1889

TOUS DROITS RÉSERVÉS

# NOTICE
### SUR LE
# CHER FRÈRE ANGILBERT
### (né Auguste LAMARCHE)

## AU LECTEUR

> Il s'est mis en état de paraître devant Dieu, comme un serviteur digne de son approbation qui n'a rien fait dont il ait sujet de rougir et qui a bien su dispenser la parole de vie.
> (Saint Paul à Timothée, 1. III, v. 15.)

Le 28 juin 1882, on portait au cimetière de la Maison Mère de Saint-Genis, un frère, jeune encore, mais plein de mérites. Dieu le ravissait à l'affection de ses bien-aimés supérieurs, à l'estime de ses confrères et à la vénération de ses affligés Juvénistes.

On vient de nommer le bon frère Angilbert. A la vérité, la vie de ce digne enfant du Père Champagnat a été courte, mais si bien remplie, qu'on a cru faire une bonne action en relatant, pour la consolation de ses nombreux amis et l'avantage de ses anciens élèves, ce qu'elle a eu d'édifiant. N'y aurait-il pas injustice à taire les œuvres de celui qui, à l'exemple de Notre-Seigneur, a passé sa vie à faire le bien, qui a été l'honneur d'une Société dont nous sommes les membres ?

*S'il faut tenir cachés*, comme dit la Sainte Ecriture, *les secrets des rois, il y a honneur à publier les œuvres de Dieu, ses miséricordes et ses bienfaits.* Il ne faut pas que la mort interrompe le bien que faisait notre digne frère Angilbert. La connaissance de ses vertus, la manisfestation de ses bonnes actions, seront une hymne à la louange du Créateur et, pour ses disciples et les amis du bien, une leçon éloquente, un puissant encouragement, car, lors même que la voix est éteinte et la main glacée, le récit du sacrifice et du dévouement agit et enseigne encore. D'ailleurs la publicité met tant de soin à découvrir les crimes, à révéler les désordres, elle est si habile à porter la lumière sur des iniquités qui ne devraient jamais voir le jour. N'est-il pas juste d'opposer les révélations du bien à celles du mal, les secrets de la vertu aux mystères du vice, et, enfin, l'édification au scandale ?

Cette notice, écrivait naguère un docte et saint religieux, est aussi intéressante qu'elle est édifiante. On ne peut la lire sans être touché de reconnaissance envers Dieu, qui a accordé tant de grâces à ce bon frère et d'admiration pour ce fervent religieux, qui n'a cessé d'y correspondre jusqu'à la mort. Cette lecture sera des plus salutaires pour les chers frères, appelés à la même vocation. Ils y trouveront de puissants stimulants pour leur propre sanctification et pour l'accomplissement fidèle du devoir si pénible et si méritoire de l'éducation de l'enfance et de la jeunesse.

*Gloire à Dieu......!! Honneur à Marie...!*

*Origine et Vocation de Frère Angilbert.*

Frère Angilbert, né Auguste-Gallien Lamarche, vint au monde de parents éminemment chrétiens, au hameau des Rivoirs, commune de Saint-Geoire, (Isère), le 19 février 1847. Les frères maristes de cette dernière localité lui communiquèrent les premiers éléments des sciences profanes en même temps que les principes religieux qui, seuls, font les enfants vertueux et les hommes utiles au pays.

Par ses heureuses qualités, le jeune Gallien sut bientôt se faire chérir et estimer de ses maîtres. Sa piété, sa docilité et son heureux caractère lui acquirent bientôt et facilement l'affection et le respect de ses petits camarades. Sur ces entrefaites, on ouvrit une école dans son hameau, il dut interrompre ses études chez les frères; mais ils n'en conserva pas moins pour ses anciens maîtres un respect et une vénération qui auront un puissant écho pour son avenir.

Il fit sa première communion, nous a-t-on assuré, avec des sentiments profonds de foi et d'amour; et Notre-Seigneur, dont les délices sont d'être avec les enfants des hommes, avec les âmes pures, dut trouver ses complaisances à visiter ce sanctuaire où le vent souillé du monde n'avait jamais soufflé ! Ses parents, profondément chrétiens, l'avaient préparé à ce grand acte avec un soin tout particulier. L'âme de ce cher enfant, comme une cire molle, reçut l'empreinte du Dieu d'amour, on pourrait dire en caractères indélébiles, car plus tard, il parlera sans cesse du bonheur qu'il éprouva ce jour-là, des suavités qu'il goûta à ce premier festin des anges. A 12 ans d'intervalle, frère Angilbert se rappelant ce moment trois fois heureux disait: « Quelle n'était pas ma joie en ce jour ! Quelle n'était pas la joie de mon pauvre père ! Mais qui pourrait dire le bonheur de celle qui m'avait donné le jour, qui m'avait si bien préparé à cette grande action ! Heureuse mère, heureux père qui n'avaient vécu que pour jouir de la visite du bon Maître dans le cœur de leur pauvre enfant. »

En effet, un an ne s'était pas écoulé après la première communion d'Auguste que celui-ci avait à pleurer sur deux tombes, et devait prier pour le repos de deux âmes qui lui étaient également chères. Alors, que, dans un âge si tendre, les soins les plus délicats lui eussent été nécessaires, il était orphelin. Son frère aîné et tuteur, le prit avec lui à Grenoble, pour l'aider dans son magasin.

Là, ce cher et aimable enfant, (ainsi l'appelait-on,) sut se concilier par son activité, sa complaisance et ses bonnes manières, l'estime de tous ceux qui avaient affaire à son frère. Le monde avec ce qu'il a de plus séduisant, se montrait aux yeux de cet enfant de quatorze ans, et tout autre qu'Auguste n'aurait songé qu'à jouir d'une liberté qui lui tendait les bras, en faisant miroiter à ses yeux les plaisirs séduisants qui nous font esclaves. Mais, au milieu d'une prospérité qui éblouissait son frère aîné, Auguste éprouvait un mépris secret pour le monde et ses vanités. Dans le magasin il était tout à son devoir; le travail terminé, il se sauvait dans une église, cherchait l'endroit le plus retiré, et, dans le calme de la solitude, sous le regard de Jésus-Christ, il donnait alors à ses pensées, le loisir de chercher un bonheur qu'il n**e** trouvait pas autour de lui. Le souvenir de sa pieuse mère lui arrache des larmes, et au milieu des joies bruyantes de ceux qui l'entourent, il lui semble toujours entendre une voix qui lui dit de quitter le monde, et de fuir la compagnie de ceux qui l'amorcent. Combattu d'un côté par les magnifiques promesses de son frère aîné, par tout ce que lui promettent de jouissances ses premiers compagnons de plaisirs, et de l'autre par un désir immense, un besoin pressant de se séparer du bruit d'une ville qui oppresse son âme, le cher enfant ne sait à quoi se résoudre ; il est triste et une mélancolie profonde et involontaire trahit ses combats intérieurs. Plusieurs fois, son frère le tire de ses rêveries et le ramène par une agréable conversation, surtout en causant de religion, à sa gaîté ordinaire. Le temps marche, et Dieu fait son œuvre, sans que le jeune Gallien s'en doute. Un jour, tandis que notre jeune commis, appuyé contre le comptoir du magasin, promenait mélancoliquement son regard sur la place Saint-André, il voit passer un frère mariste. En ce moment, une idée lui traversa l'esprit; il court après ce frère, et lui avoue ingénument qu'il serait heureux de quitter le monde et entrer dans la Congrégation. Le frère, touché de la simplicité et de la candeur de notre jeune homme, se fait un plaisir de lui indiquer la route à prendre pour se séparer d'un monde qu'il n'aime pas, et, sans le presser beaucoup d'entrer dans la Société des Petits-Frères de Marie, il lui insinue que s'il devenait enfant du Père Champagnat il serait trop heureux. Auguste, à la faveur de cette providentielle rencontre, fut orienté et commença sans retard ses préparatifs de départ. Tout ce qu'on put lui dire, le trouva inébranlable ; et les plus belles propositions ne provoquèrent que des refus honnêtes, mais accentués.

La résolution de ce digne jeune homme

*(ainsi l'appelait son confesseur)* ne surprit personne, et les habitants des Rivoirs, comme ceux qui l'avaient connu à Grenoble dirent à l'envi :

« Celui-là, n'était pas fait pour le monde. »

Ses préparatifs terminés, il dit, sans regret adieu à tous ceux qui lui étaient chers, et prit la route de Saint-Genis-Laval, où il arriva le 21 septembre 1867. Là, le premier cri de son cœur fut cette parole de la Sainte Ecriture : « *Seigneur, je vous servirai avec fidélité, dans la sincérité de mon cœur.* » (3 Ps. 118.)

Dès le début de son Noviciat, Auguste se fit remarquer par des qualités éminentes. Le Maître des Novices ne fut pas longtemps sans reconnaître qu'il possédait un trésor. Ses condisciples ont rendu, à l'unanimité, le témoignage que chez lui, tout était fait avec la plus extrême réserve. Très prévenant, très affable, il fut tout de suite aimé, recherché, chacun voulait être son ami. « On était heureux, ajoute l'un d'eux, aujourd'hui excellent religieux, de le posséder quelque part qu'on fût, en récréation surtout. Il suffisait de le voir prier, obéir et travailler, pour se sentir, à son exemple, poussé à la pratique de la vertu. Il ne marchait pas dans la voie des conseils évangéliques, il courait. » A peine entré en religion, il avait compris, apprécié la faveur insigne que le bon Dieu lui avait faite. Comme un jeune arbre planté le long des eaux, il doit croître rapidement pour porter des fleurs et des fruits en son temps.

Il fit son Noviciat avec la plus grande ferveur, et nous trouvons dans ses notes, quelques mots, qui jettent une vraie clarté sur un temps qui fut, pour lui, le principe d'une vie, hélas ! trop courte, mais parfaitement remplie, devant Dieu et devant les hommes. Laissons-lui la parole : « Je viens de lire « des choses admirables dans le bon et très « doux saint François de Sales. Je note la « phrase ci-dessous que je m'approprie sur « laquelle je méditerai chaque jour quelques « instants : « Si l'oubli de la présence de « Dieu est la cause de toutes les fautes des « religieux, la pensée de cette sainte présence « est une manière très utile, très facile « de prier, de sanctifier ses actions et de se « conduire en tout avec dignité. »

Notre pieux novice ne vit plus désormais que du souvenir de cette sainte et adorable présence. Et c'est avec ce ressort puissant qu'il imprime, à tous ses actes, un cachet de sérieux qui n'échappe à personne. Dès lors on l'aperçoit toujours agir sensément et judicieusement ; tout ce qu'il fait est marqué au coin de la piété la mieux éclairée, de l'activité la plus intelligente et de l'abord le plus agréable.

Après quelques mois de postulat, Auguste

Gallien fut appelé à se revêtir du saint Habit religieux, et nous trouvons dans ses notes la prière suivante qu'il écrivit et plaça sur sa poitrine en ce beau jour : « Mon Dieu, qu'en me revêtant du saint Habit de votre Mère, je me revête en même temps de toutes les vertus qui font les bons frères. Mais surtout, ô mon Dieu, que je me dépouille de mes vices et de mes péchés, et ne conserve, du triste temps que j'ai passé dans le monde, que le souvenir de mes fautes pour les pleurer jusqu'au tombeau. Amen. »

C'est avec ces sentiments que ce pieux Novice faisait son premier pas dans la vie religieuse. Ses essais furent très heureux. Béni de Dieu, très aimé de ses supérieurs et chéris de tous, son temps de probation lui mérita les plus beaux éloges de ceux qui lui donnèrent leurs soins.

Les maîtres des Novices qui ont à diriger de pareilles âmes ont une mission bien douce à remplir. Ceux qui assistent à de pareilles opérations de la grâce ne peuvent que porter envie à ces privilégiés du Cœur du Divin Maître.

On s'explique facilement la parole d'un bon frère, témoin de la conduite du jeune Gallien : « Si l'on n'avait à faire l'éducation que de pareils sujets, on croirait déjà avoir reçu sa récompense par le bonheur qu'on éprouverait. »

## Combien F. Angilbert aimait sa vocation.

Auguste-Gallien Lamarche reçut, le 25 mars 1868, en se revêtant des livrées de Marie, le nom de frère Angilbert, et ce sera désormais sous ce nom que nous reconnaîtrons l'enfant des Rivoirs et le commis de la place Saint-André de Grenoble. Doué d'un très bon jugement, notre nouveau frère comprit bien vite l'excellence de la part qui lui était échue, et apprécia immensément le choix que Dieu avait fait de lui, en le retirant du milieu du monde, pour lequel il n'avait jamais éprouvé qu'un dégout souverain. Aussi se donna-t-il tout entier aux œuvres de sa vocation, en s'apliquant d'une manière particulière à en prendre l'esprit: « La voix du juste, dit le Psalmiste, est comme un soleil levant qui s'avance et croît. Il court dans la voie des commandements de Dieu. Le Seigneur est son partage et tout le bien qui lui est échu.» Ainsi voit-on notre frère Angilbert aller de vertus en vertus et s'affectionner toujours d'avantage dans l'amour et l'estime de sa vocation.

A peine revêtu du saint habit, il écrivait à un camarade d'enfance :

« *Mon cher ami,*

« J'éprouve tant de joie à te parler de ma nouvelle position, que je ne sais de quelle façon m'exprimer pour te dire mon bien-être et mon bonheur. Pourquoi suis-je resté si longtemps dans le monde, tandis que je suis heureux maintenant ! J'ai souffert des ennuis dont je me serai volontiers passé. Si tu savais la joie que je goûte, tu n'hésiterais pas un seul instant à quitter ce triste milieu où tu vis. Viens me voir quand tu le pourras, et tu te convaincras par toi-même que mon bonheur n'est pas factice, mais réel et solide, que ma vocation est préférable à tous les biens temporels d'ici-bas. Je prierai pour que tu me suives. Nous avons été amis sur cette terre, pendant les quelques jours de notre enfance : la pensée d'une séparation temporaire seulement est écœurante; celle d'une séparation éternelle, peut-être, m'épouvante et m'afflige, au delà de tout ce que tu ne pourrais t'immaginer. Salue bien affectueusement tes parents de ma part, en leur offrant l'hommage de ma plus vive gratitude pour tous les bons conseils que j'ai reçus d'eux, conseils que je n'oublierai jamais.

« Adieu, si tu le veux, je me dis ton ami pour l'éternité.

« Aug.-Gallien, F. Angilbert. »

Dans ses lettres à son frère aîné, c'est toujours pour louer et exalter son bonheur, et ce dernier ne peut s'empêcher de lui dire : « Vraiment tes lettres embaument par leur

bonne odeur. S'il faut croire tout ce que tu écris, assurément que tu es le plus heureux des mortels. Quel dommage que notre chère mère, qui nous aimait tant, ne vive pas pour te voir si heureux dans la voie où tu marches. »

Dans les établissements et dans les importantes fonctions qui lui furent confiées, frère Angilbert fut toujours l'homme de sa vocation. Il aurait été plus facile de changer une montagne de place que d'ébranler la résolution qu'il avait prise, comme il le disait, de rester rivé à la Société.

Cependant Satan, l'antique menteur, essaya de persuader à notre frère que peut-être le bon Dieu le voulait ailleurs, dans une situation où il pourrait faire plus de bien. Cette tempête fut soulevée par notre ennemi commun avant que notre pieux novice prononçât ses vœux. En enfant plein de simplicité et de soumission, il découvrit à son supérieur, les combats qu'il soutenait depuis plus de deux mois. Il ne pouvait faire fausse route, en se jettant dans les bras de celui que Dieu a commis à notre garde: « Celui qui marche avec simplicité, marche avec assurance, dit la Sainte Ecriture. »

Le démon, découvert, fut vaincu. Quelques lignes du cher Frère Assistant suffirent pour rendre la paix à celui qui cherchait Dieu dans la droiture de son cœur. Le Seigneur avait permis cette épreuve pour préparer frère Angilbert, avons-nous dit, aux délicates fonctions qu'il devait avoir à remplir; car, étant dans les établissements, il déploya un zèle vraiment admirable, pour encourager les frères dans leur sainte vocation. Plus tard, alors qu'il fut nommé Directeur du Juvénat, son industrieuse charité et l'amour passionné qu'il avait pour sa chère Congrégation lui permirent d'étendre son zèle sur un grand nombre d'enfants pour les encourager dans leur sainte entreprise. A peine un juvéniste était-il entré dans la maison que notre bon frère s'empressait de l'aborder, lui faisait la meilleure figure du monde, et l'encourageait par quelques paroles pleines de douceur et d'énergie. Et si le pauvre enfant, cédant à la nature se laissait aller à la langueur, oh! alors, frère Angilbert n'épargnait rien pour consoler son disciple et l'affermir dans sa vocation : « Vous serez heureux, lui disait-il ; ayez courage ; prenez patience, les commencements sont pénibles à tous ceux qui arrivent; mais après quelques jours, vous viendrez, j'en suis sûr, me remercier de vous avoir gardé. Estimez dès maintenant votre vocation plus que tous les biens de ce monde ; vous verrez plus tard, si vous suivez mes conseils, que je ne vous ai pas induit en erreur. Oui, je vous le répète, mon enfant, Dieu vous a fait une grande grâce ; après le baptême, c'est la plus grande ! Ne soyez pas ingrat, montrez vous reconnaissant. »

Ces paroles, pleines de feu et d'énergie, il les a répétées des milliers de fois à ses chers enfants; ceux qui lui doivent, après Dieu, leur persévérance ne contrediront nullement ce qu'on vient de lire.

« Quel bon frère, disaient de lui les habitants des localités où il avait fait la classe ! Quel digne religieux, sa présence fait aimer Dieu, sa vue réjouit l'âme et sa parole convainc avant d'avoir expiré sur ses lèvres. Qu'il est bon, disaient plus tard les Juvénistes, notre Frère Directeur, on voit qu'il aime son saint état, si notre vocation était aussi bien affermie que la sienne, nous ne craindrions pas le démon du découragement et de l'inconstance. »

Quelques heures avant sa mort, il avouait à un bon frère que si on lui offrait, moyennant l'abandon de sa vocation, une bonne santé, une vie longue et heureuse, selon le monde, jamais il n'abandonnerait sa chère Société, jamais il ne consentirait à la sottise d'apostasier.

Ses dernières paroles à une escouade de Juvénistes, qu'on lui avait envoyés, furent des paroles d'encouragement à rester fidèles, coûte que coûte, à leur vocation, jusqu'à la mort. Puissent ses anciens élèves, en se rappelant les nobles exemples que leur a donné leur très digne maître, ne jamais oublier les paroles qu'il leur disait : « Le royaume du ciel sera donné, mes amis, aux enfants généreux, courageux et énergiques ; et refusé aux égoïstes et aux lâches. Ne calculez pas avec le bon Dieu, faites généreusement tous les sacrifices qu'il demande de vous, et soyez assurés qu'il ne se laissera pas dépasser en générosité, mais sera magnifique dans ses récompenses. Soyez lui donc fidèles jusqu'à la mort. »

### Combien Frère Angilbert aimait la Prière.

Celui qui sait bien prier sait bien vivre, dit Saint Augustin. Et c'est parce que notre digne frère Angilbert a su toute sa vie bien prier, qu'il a vécu ici-bas de la véritable vie, de la vie en Dieu, par les actes répétés de son saint amour, de sa sainte dilection et par le sacrifice généreux de lui-même pour la gloire du Créateur et le bien des âmes. Les anciens du hameau des Rivoirs, nous ont dit que ce cher enfant, alors qu'il était encore auprès de sa vertueuse mère, donnait aux enfants le plus parfait exemple d'une tenue irréprochable à l'église, et dans toutes les cérémonies religieuses. Jamais on ne surprit chez lui la moindre dissipation, et les mères le montraient à leurs enfants, comme un autre saint Louis de Gonzague dont ils devaient imiter la modestie et le recueillement, et l'excellente tenue pendant l'office divin.

En allant dans les champs, il se tenait à l'écart pour ne pas prendre part aux conversations oiseuses, et être libre pour dire son chapelet. Le soir venu, il rassemblait tous les membres de la famille autour du foyer, et faisait au nom de tous, et à haute voix, la prière du soir, qui était suivie, par ceux qui le désiraient, de la récitation du chapelet. Le dimanche et les jours de fête, il les passait presque entiers à l'église. Plus tard, nous le retrouvons à Grenoble. Là, comme à la maison paternelle, il est l'esclave de son devoir. Soumis à son tuteur comme il l'avait été à son digne père, il reste au magasin tout le jour ; mais il a eu soin de se munir de courage par de ferventes prières. A peine a-t-il entendu le mouvement dans la maison, qu'on le surprend à genoux au pied de son lit où il demeure longtemps. Son frère et tuteur, éminemment religieux, lui permet de donner un libre cours à sa piété, et le voit assister à la sainte Messe, chaque matin, avec un sentiment de vive satisfaction. Auguste, ainsi réconforté dès le matin, conserve tout le jour, au milieu d'absorbantes occupations, le souvenir de la présence de Dieu. Le soir, dès que son frère le lui permet, il se sauve en toute hâte, vers l'église la plus rapprochée, et là, devant Notre Seigneur, il prolonge ses prières, ses entretiens jusqu'au moment où on lui fait signe que l'église va être fermée.

Accompagnant un jour le sacristain de l'église Saint-André, celui-ci, en traversant la place, où les enfants faisaient grand tapage, lui dit : « Pourquoi, Auguste, n'êtes-vous pas avec ces enfants à vous amuser ? Oh! répondit-il incontinent, ne me parlez pas d'eux, outre que je suis bien mieux avec le bon Dieu à l'église, je préférerais la prison à la compagnie de pareils sujets. »

Rentré à la maison, la prière, la lecture et les travaux du ménage sont ses seules occupations. Il a un ami sage avec lequel il passe le temps libre que lui laisse l'intervalle des offices aux jours de fête et de dimanche.

Les deux amis font ensemble leur visites à quelque église, vont à la campagne, dans les environs de Grenoble, et cet ami nous a dit plus tard que jamais les conversations d'Auguste Gallien n'ont été tenues que sur des matières de religion, de piété, de science, sur les beautés de la nature, ou tout au moins sur des choses indifférentes. Son plus grand plaisir était d'inviter cet ami à faire quelques prières, à réciter le chapelet par exemple, à visiter une chapelle déserte, à vénérer une croix, une statue placée dans un lieu écarté.

S'il connaissait quelque endroit tant soit peu fréquenté, ou servant de promenade publique, il s'en écartait adroitement et à l'instant : « Venons loin de là, disait-il alors, Satan y préside et nous serions pris. Allons prier la sainte Vierge à tel endroit ; ça nous sera bien plus profitable. »

Le milieu dans lequel vivait ce pieux jeune homme n'était pas le sien. Personne, nous l'avons déjà dit, ne fut étonné de son départ pour la vie religieuse. « Celui-là est trop sage, disait-on tout haut, pour rester dans le monde. » On aurait été surpris de voir, un si vertueux enfant rester au milieu d'une société, dont il partageait si peu les goûts et les manières.

Mais sa piété, hâtons-nous de le dire, n'avait rien d'austère, rien de rebutant, elle était simple, aisée et de facile abord : il n'imposait à personne ses dévotions. Il était si aimable envers tout le monde, il savait si bien tourner quelques mots à la louange de la prière que ceux qui l'écoutaient étaient heureux de prier avec lui. Ce fut au Noviciat surtout que notre jeune Gallien donna un libre cours à sa piété. Il se trouva là dans son élément, et on aurait pu dire de lui ce qu'on disait de saint Louis de Gonzague, que jamais il ne connut ses confrères de droite et de gauche, dans les salles où l'on se réunissait pour prier. Sa prière était celle d'une âme profondément pénétrée de la présence de Dieu; et son voisin de lit, au dortoir, a assuré que sa modestie dans ce lieu régulier était celle d'un ange, son maintien très digne et sa piété exemplaire. On l'a entendu maintes fois prier bien avant dans la nuit.

Le matin, dès que le signal du lever était donné, on le voyait vivement empressé d'expédier son travail du dortoir, pour courir à la chapelle afin de se trouver des premiers au chant du *Salve regina*.

« J'ai beau me dépêcher, disait l'un d'eux, Auguste est toujours avant moi à la chapelle, j'ai essayé plusieurs fois, je n'ai pu parvenir à le devancer. »

Son plus grand bonheur, dans le courant du jour, était d'aller épancher son cœur, exprimer ses sentiments d'amour à Notre Seigneur, au saint tabernacle. Quelqu'un lui demandant un jour si de prier continuellement comme il faisait, cela ne le fatiguait pas : « Oh! disait-il, que me dites-vous là. La prière repose le corps et l'esprit, et fortifie l'âme, comme la nourriture soutient nos forces. »

A Roybon, à Chaponost et dans le Midi, ce bon frère, de l'avis de tous ceux qui ont vécu avec lui, faisait de la prière son occupation habituelle, favorite, et, ajoute-t-on, non interrompue, malgré les occupations les plus absorbantes. S'il ne lui avait pas été possible de faire ses exercices religieux avec la communauté, il cherchait et trouvait toujours un moment favorable pour satisfaire le besoin de son âme. On le voyait alors dans quelque endroit retiré, son chapelet ou son livre d'office à la main ; sur les traits de son visage, il était facile de remarquer qu'il prenait une nourriture agréable à son cœur. « Dans ces moments-là, nous disait un jeune frère, on voyait que frère Angilbert était heureux. Il était dans son élément, dans l'atmosphère qui convenait à sa vie. Pour mieux s'identifier avec la piété, il se rendit familières, les oraisons jaculatoires, et la pureté d'intention. Il tenait de l'aimable saint François de Sales que l'ouvrage de la perfection naît, s'accroît et se consomme par les aspirations fréquentes de l'âme vers Dieu. Toutes les actions de ce bon frère, faites uniquement pour plaire à Dieu, imprimaient à ses actes et à sa personne un cachet de bonté, de droiture, et de dignité qui commandait le respect et la plus tendre confiance.

Dans la formation des Juvénistes, il n'a rien eu tant à cœur que de former des hommes de prière : « Nous ne ferons rien de bon de nos enfants, répétait-il sans cesse à ses professeurs, si nous ne les faisons pas prier, et prier comme il faut, et s'ils n'ont eux-mêmes l'amour de la prière ; s'ils ne s'y portent pas avec goût et de leur propre mouvement, nous formons des sujets inutiles à la Congrégation et prions Dieu qu'ils ne lui soient pas nuisibles. »

Aussi, quels soins ne prend-il pas pour amener ses chers enfants à prier comme il convient. Jamais il ne tolère un signe de croix mal fait, une tenue nonchalante pendant les exercices de piété. Il exige que les Juvénistes aient tous un livre à la main. Il demande que le ton de voix soit pieux, soutenu, il leur fait remarquer que la prière est, de tous les exercices de la journée, celui qui plaît le plus à Dieu, qui leur mérite davantage ses grâces et ses bienfaits et qui demande par conséquent de leur part la plus sérieuse et la plus délicate attention. Aussi, en peu de temps, vit-on ces chers enfants prier avec une tenue et une piété qui édifiaient tous ceux qui en étaient témoins. La prière de l'heure se faisait, avec ou sans professeur, avec une grande édification. Ces pieux Juvénistes mettaient ainsi en pratique les excellentes leçons de leur digne Maître. Le soin que le bon frère Angilbert apportait à faire prier convenablement valut à un religieux, qui trouvait cela presque minutieux, un blâme qui nous donne la mesure de la confiance qu'inspiraient au frère Angilbert les jeunes gens qui ne prient pas ou qui prient mal : « Sachez, mon cher ami, que si nos enfants ne prennent de bonne heure, l'excellente habitude de prier beaucoup et de bien prier surtout, nous bâtissons sur le sable;

Satan, le monde et la chair renverseront ces semblants de vocation aussi facilement que vous renversez un château de cartes. »

La veille des communions, qui était le jour les confessions, il ne vivait que du souci de préparer ses chers enfants à la réception des sacrements ; il leur suggérait de bonnes pensées, en puisant dans son cœur les trésors de sentiments pieux, que son ardente piété tenait en réserve. Il avait toujours quelque chose à leur dire sur la dévotion à Jésus-Eucharistie, à la sainte Vierge, à saint Joseph, aux Anges Gardiens. Il est impossible de dire le cas que ce digne éducateur de la jeunesse faisait de la prière; et le résultat final de cette ardeur à faire prier et à prier lui-même comme il faut, était facile à prévoir. Il y avait à peine quelques mois que ce bon frère était au milieu de ces enfants, que ceux-ci n'étaient plus reconnaissables, tant leur maintien, leur tenue, leur gravité douce et aimable, leur application au travail et l'ensemble de leur conduite étaient allées en gagnant. « Heureux temps, écrit l'un d'eux, nous ignorions alors qu'on pu mal prier et se mal conduire. La vue seule de notre bon Directeur nous ravivait et il suffisait de le voir pour prier, pour se sentir échauffé: sa tenue était celle d'un ange. »

Pendant sa longue et douloureuse maladie, notre bon frère Angilbert, débarrassé de toute occupation étrangère, donne un libre cours à sa piété. Les images de la sainte Famille sont placées en face de lui et suspendues à son lit. Son regard ne peut se détacher de ces trésors de son cœur. Son crucifix, et son chapelet, ne le quittent plus ; ses affectueux entretiens, avec ceux qu'il a tant aimés et tant priés, sont continuels ; si les frères veulent lui être agréables, ils n'ont qu'à lui proposer la récitation de quelques prières. Il est heureux alors, et remercie en des termes qui disent hautement combien on lui fait plaisir de prier à côté de lui.

Sa voix, presque éteinte, murmure sans cesse : « O Jésus, je vous aime !!! O Marie, je vous aime !!! O saint Joseph, assistez-moi. » Et son regard fixé sur ses images pieuses et le mouvement des lèvres et l'expression de sa figure, tout dit aux assistants que sa prière est continuelle, et pleine d'affectueux sentiments. Lorsqu'il ne peut plus se faire entendre, il demande avec larmes qu'on récite des prières à haute voix et à côté de lui, il s'unit alors à ceux qui lui rendent ce bon office, témoins heureux du bonheur qu'éprouve ce bon frère dans ses colloques avec Dieu. Il avait prié le frère garde-malades que, dès qu'il le verrait entrer en agonie, il lui suggérât quelques bonnes pensées, priât à ses côtés pour l'entretenir toujours dans la ferveur. Les dernières paroles qu'on lui a entendu prononcer ont été celles-ci: « Il faut prier, bien prier, et faire prier les enfants; sans ça, nous ne ferons pas grand chose. »

*Combien Frère Angilbert a été régulier.*

Toute la vie de ce digne enfant du Père Champagnat a été la plus fidèle expression d'une régularité et d'une obéissance portées jusqu'à l'héroïsme.

« La règle est à un religieux, lisons-nous dans ses notes, ce que l'âme est au corps, c'est le mur de clôture qui protège le champ, c'est le poteau qui indique la route sûre du paradis au religieux fidèle. La règle est pour moi un miroir, où il m'est facile de voir si je suis généreux, oui ou non. C'est mon thermomètre où je puis constater, et mon degré de chaleur et de froid.

« Rien ne me doit tant tenir au cœur que l'exacte observance de ma règle, pour moi et mes subordonnés. Lorsqu'elle sera violée, je demanderai satisfaction; et, lorsque quelque article aura été enfreint par ma faute, je m'en punirai. »

Pénétré d'un profond respect pour tout ce qui touche aux observances régulières, rien ne lui paraît petit: il s'applique à observer, et à faire observer, aussi fidèlement que possible, les moindres points du règlement. Au Noviciat, comme dans les établissements, il se fit toujours remarquer par une fidélité parfaite à tout quitter au moindre signal pour changer d'exercice, et on peut dire de ce bon frère, ce qu'on dit de saint Vincent de Paul, que le second coup de cloche ne le trouva jamais dans la même position que le premier.

Dès son arrivée au Juvénat, qui, à cette époque, n'était qu'à son début, il établit, de concert avec les premiers supérieurs, un Règlement général qu'il étudie et modifie, selon les besoins et les circonstances, pendant le cours d'une année. Et après une somme convenable d'essais, il demande la sanction du Supérieur Général, pour en exiger l'observation intégrale et fidèle. Il plie, il coule alors son intéressante jeunesse au moule de la Règle.

Bientôt on voit un changement notable dans les Juvénistes. La piété, le silence, la retenue, l'amour du travail font place à ce quelque chose qui sent l'écolier. Partout où on voit les élèves de frère Angilbert, on les trouve à leur devoir et dignes d'eux-mêmes.

A peine la cloche a-t-elle donné le signal d'un changement d'exercice que tous ces enfants se mettent en mouvement avec un silence et une promptitude qui ne laissent rien à désirer.

Après la première année de fondation, les Juvénistes furent envoyés en vacances, au Péage de Roussillon. Leur bonne tenue dans les rangs, leur modestie frappèrent vivement les habitants qui se demandaient entre eux : « Quel genre de pensionnaires est-ce donc çà ? Nous n'avons jamais vu pareille chose. »

On se plaisait à les considérer à l'église et partout ; et, toujours, ces chers enfants donnaient l'exemple de la fidélité au devoir. Tout cela était le fruit des efforts du bon frère Angilbert, pour habituer ses disciples à vivre de règle, pour leur apprendre à vivre de Dieu.

Un bourgeois, de Lyon, témoin d'une des récréations des Juvénistes, de leur entrain à la fois simple et noble pendant les jeux, de leur exactitude à se placer deux à deux et sans dissipation au dernier coup de la cloche, fut si frappé du sérieux de leurs mouvements que, mettant la main à son portefeuille, il en retira un billet de cent francs, qu'il remit au digne frère Angilbert, en lui disant : « Que n'élève-t-on ainsi tous les enfants en France. »

A quelque temps de là, un riche propriétaire des environs de Lyon, après être resté quelques heures dans la maison de Saint-Genis, et en particulier au Juvénat, déposa six mille francs dans les mains du Supérieur Général, en lui exprimant sa vive satisfaction de la bonne tenue, de la simplicité et du sérieux des Juvénistes; et, pressant affectueusement les mains du frère Angilbert: « Bon courage, mon frère, lui dit-il, vous faites vraiment l'œuvre de Dieu. »

Plusieurs parents, étant venus voir leurs enfants, entrés au Juvénat depuis quelques mois seulement, ne les reconnaissaient plus, pour la plupart : « Qu'avez-vous donc fait à mon enfant, disait un père de famille à un professeur du Juvénat, il n'est plus reconnaissable ; vraiment, il a aujourd'hui une tenue et un raisonnement au-dessus de son âge. » « C'est le fruit de l'exacte observance du règlement, répond le frère. Sachez, mon bon monsieur, que notre cher Directeur est un homme de règle. Il donne, lui d'abord, l'exemple de la plus parfaite fidélité à tout ; il encourage, presse, exhorte, et corrige, au besoin ceux qui s'écartent de la règle. Il est excessivement bon, mais ferme et énergique pour demander la fidélité et l'exactitude à la prière, au silence et au travail, et nos enfants prennent, comme vous le voyez, des habitudes d'ordre, de discipline et de sérieux qui leur seront fort utiles un jour. »

Dans une instruction à ses élèves, il leur disait : « Mes enfants, ne considérez pas votre règlement comme une chaîne de fer, mais comme une chaîne d'or, un lien d'amour qui vous attache et vous retient fidèles au service du bon Dieu. Estimez-le beaucoup, ce doux règlement, parce qu'il vous garde et vous gardera des écarts de la jeunesse, vous préservera du péché, il vous donne l'assurance que vous faites toujours la volonté de Dieu, et sera pour vous, croyez le bien, une source abondante de grâces de toutes sortes. Bon courage, mes enfants !! Prenez de bonne heure l'excellente habitude de vous vaincre à tout instant pour observer à la lettre, ce que Dieu demande de vous. Plus tard, les observances régulières ne vous coûteront rien. »

Ce que frère Angilbert prêchait à ses disciples, il le pratiquait lui-même à la perfection. On assure que pendant quatre ans qu'il resta dans un même établissement, il ne resta jamais au lit le matin, après le signal du lever. Il était cependant déjà atteint de la maladie qui devait nous le ravir.

Mais ce bon frère préférait la sainteté à la santé, et donnait aux frères de la communauté un tel exemple de ce que peut dans un corps affaibli une âme forte, énergique et qui ne calcule jamais avec le devoir. « Quoi, disait un frère auquel le lever coûtait beaucoup, frère Angilbert a de la peine à se tenir debout et il se lève tous les jours à l'heure, et moi avec une santé on ne peut meilleure, je garderais le chevet ! Non. » Et l'exemple du bon frère valut à ce religieux un acte de générosité dont il savourait les heureux fruits plus tard.

### Combien Frère Angilbert aimait l'obéissance.

L'obéissance se rapporte spécialement aux commandements de Dieu et de l'Eglise, au respect, à la soumission envers les supérieurs ecclésiastiques et religieux. Partant de ce principe, notre très digne frère Angilbert a été un modèle accompli de la plus parfaite obéissance, vivant, d'abord dans le monde, et ensuite dans la religion, en parfait chrétien et en fervent religieux.

Alors, qu'il lui était impossible d'observer, ou les jeûnes, ou d'autres prescriptions de notre sainte Religion, il demandait toujours dispense. L'ordonnance du médecin ne lui suffisait pas; l'avis et la permission de son confesseur lui donnaient seuls la tranquillité et la paix de l'âme. Aux Rivoirs et à Grenoble, on vit ce pieux jeune homme toujours fidèle à toutes les obligations qu'impose, pour notre bonheur, l'Eglise romaine ; et son frère aîné disait plus tard : « Je n'ai jamais eu sur ce point à lui rappeler ses devoirs ; lui-même, par son bon exemple, me prêchait les miens. »

On ne greffe généralement un bon religieux que sur un bon chrétien; et, on n'est bon religieux qu'autant qu'on est obéissant. Jamais paroles plus vraies en ce qui concerne notre cher et digne frère Angilbert. Comme le jeune homme de l'Evangile, il pouvait répondre: « J'ai observé les commandements, » mais il fit mieux que lui, il suivit les conseils du bon Maître, il prit pour partage l'observance des conseils évangéliques, notamment l'obéissance, la plus parfaite soumission. De volonté, il n'eut que celle des supérieurs et de la règle ; et à peine était-il entré dans la Maison qu'il donnait à un novice, peu obéissant, le conseil suivant qu'on dirait être d'un religieux ayant vieilli dans les observances régulières : « Mon cher ami, dans le commandement que vous venez d'entendre ce n'est pas un homme qui a parlé, c'est Dieu même. Vous devriez savoir vous qui êtes plus vieux que moi dans le métier, que le Supérieur en religion, n'est que la trompette par laquelle passe la voix de Dieu. Le plus précieux don que vous puissiez recevoir, maintenant du ciel, mon cher ami, c'est de savoir, de vouloir, de pouvoir vous renoncer vous-même, par une obéissance aveugle. Nous sommes en religion, les disciples, les bien-aimés de Celui qui s'est fait obéissant jusqu'à la mort et à la mort de la croix ; de Celui qui a dit être venu, non pour faire sa volonté, mais celle de son Père céleste. »

Ainsi préludait notre cher frère Angilbert, à sa vie d'apôtre de la sainte Obéissance, car plus tard chargé de préparer les Juvénistes à la vie religieuse, il ne négligea rien pour inculquer les principes fondamentaux de la religion, à savoir : l'humilité, la dépendance, le sacrifice de la volonté propre. « Mes chers enfants, répétait-il sans cesse à ses élèves, laissez-vous conduire, laissez-vous gouverner, laissez-vous commander, et soyez heureux d'obéir promptement et sans examen. Il vous sera doux de dire au moment de votre mort : Seigneur, j'ai fait ce que vous désirez de moi, donnez à votre pauvre enfant ce que vous lui avez promis. »

Frère Angilbert, dont le commandement était si doux, auquel on était si heureux d'obéir, dut, à son tour, déposer le fardeau de l'autorité et du commandement. Obligé de monter à l'infirmerie, il prouva, comme dit la Sainte Ecriture, que celui qui avait si bien commandé aux autres savait encore mieux obéir.

Sa volonté, s'il lui en restait, il la remit complétement entre les mains du docteur et du frère Infirmier, et il eût bien volontiers supporté toutes les incommodités d'une douloureuse maladie, que d'aller à l'encontre de leurs ordonnances. Il ne se serait pas permis de changer de place, de se lever, ou de sortir de son appartement sans leur permission. Lui apportait-on quelque douceur, aussitôt de demander si on avait prévenu le frère Infirmier. Pendant son séjour à l'infirmerie, il eut le temps de constater l'inutilité de certains remèdes qu'on avait ordonnés, remèdes très peu agréables à prendre; néanmoins, quoiqu'il vit leur peu d'efficacité, nonobstant les souffrances qu'ils lui occasionnaient, il ne se permit jamais la moindre observation : « Obéissons toujours, voilà l'heure !... donnez-moi la potion qu'a ordonnée M. le docteur. Je suis heureux d'obéir, d'avoir toujours obéi. L'obéissance est ce qui plaît le plus à Notre Seigneur. »

Frère Angilbert marchait à grands pas vers la bienheureuse éternité en souriant; et, si saint Bernard eût été témoin de la quiétude avec laquelle ce bon frère se préparait à paraître devant le Souverain Juge, il en aurait reçu la réponse que lui fit un saint religieux de Citeaux : « Père, pourquoi craindrais-je la mort ; vous m'avez dit maintes fois que si nous étions fidèles à la règle de la sainte Obéissance, nous pouvions mourir en paix. Grâce à Dieu, je ne sache pas avoir fait ma volonté un seul instant. » Frère Angilbert eût pu, sans témérité, tenir le même langage. Sa maxime était celle de saint François de Sales : « Ne rien demander, ne rien refuser, accepter tout, comme venant de la main de Dieu. »

« Je suis heureux, répétait-il sans cesse, d'être entre les mains du meilleur des Pères. Qu'il me guérisse, qu'il m'appelle à lui, je ne veux que sa sainte et adorable volonté. » Et lorsqu'on lui dit que les prières que faisaient les enfants pour sa guérison ne seraient point perdues : « Oh! dit-il aussitôt, qu'on demande bien au bon Dieu que sa suave volonté s'accomplisse toujours en moi, car je n'ai d'autres désirs que celui d'être éternellement noyé dans l'océan de la volonté divine. Oui, je veux être complètement, entièrement soumis au bon plaisir de Celui qui m'a créé, couvert de ses bienfaits, toute ma vie. Monsieur le docteur est très savant : il veut, par toutes sortes de moyens, retarder la décomposition de ce pauvre cadavre, qui me retient captif dans cette vallée de larmes ; mais l'art des hommes n'est pas celui de Dieu, le seul et unique vrai médecin. Celui-là me veut. Je serai bientôt à lui pour l'éternité. Que sa sainte volonté soit faite, oui, maintenant et toujours. »

Quelques heures après, cet enfant d'obéissance recevait de son créateur le baiser de l'éternelle paix.

Puisse ma vie ressembler à la sienne. — Amen ! ! !...

### Combien Frère Angilbert a eu l'esprit de sa Congrégation.

« Que les autres, disait saint Ignace à ses religieux, se distinguent par une très grande pauvreté, par les jeûnes et les macérations, la prédication ou l'enseignement, pour nous, mes Pères, montrons au monde révolté qu'il est encore ici-bas des disciples de Celui qui a été obéissant jusqu'à la mort de la Croix, soyons des hommes morts à nous-mêmes et parfaitement soumis. Voilà notre cachet, notre esprit, à nous enfants de la Compagnie de Jésus. »

Chaque ordre a son cachet, son caractère particulier. Le bon Père Champagnat a voulu que sa modeste Congrégation se distinguât par une tendre dévotion à la sainte Vierge, et que l'humilité, la simplicité et la modestie fussent toujours les signes distinctifs auxquels on reconnût ses enfants.

Il n'est rien qu'il ne leur ait tant recommandé qu'une confiance sans bornes à Marie; rien dont il n'ait pris tant de soin que de les conserver humbles, simples et modestes !

Frère Angilbert a eu cet esprit à un degré suréminent. Il aimait Dieu de tout son cœur ; mais il savait mettre ce dernier au large quand il était question de la sainte Vierge. On le trouvait là sur son vrai terrain. Fêter, honorer et célébrer les gloires de la Mère de Dieu, était pour lui une vraie jouissance, un bonheur ineffable. Il goûtait d'avance le plaisir qu'il éprouverait en parlant de Celle que son cœur aimait, et ses élèves étaient impatients de voir arriver le samedi pour entendre parler de Marie, que leur digne maître louait avec un à-propos parfait.

Dans la formation des Juvénistes, il s'appliquait de toutes ses forces à implanter dans leurs jeunes cœurs cette précieuse dévotion. Aussi remarque-t-on bientôt que ces chers enfants, à l'exemple de Celle qu'on leur proposait sans cesse pour modèle, devinrent humbles, simples et modestes. D'ailleurs notre très-digne frère Angilbert était lui-même, pour ses disciples, un modèle accompli du religieux moulé à l'esprit du bon Père Champagnat

Dans ses rapports avec les frères, il était d'une simplicité charmante, d'un très grand laisser-aller de famille, mêlé de beaucoup de dignité. Ses rapports avec les Juvénistes étaient marqués au coin de la plus exquise urbanité. Il les écoutait toujours avec une tendre bonté, et son égalité d'humeur ne contribuait pas peu à lui gagner le respect, la confiance et l'affection de ses disciples. Il embrassait tous les hommes dans le sein d'une très grande charité, et comme il les aimait tous, il était aimé de tous. Rien ne lui était plus naturel que de se réjouir avec ceux de ses frères, ou de ses enfants qu'il voyait dans la joie, de pleurer avec ceux qu'il savait dans l'affliction. Au risque de nous répéter, nous signalerons la qualité qui le rendait cher à tous, savoir : la simplicité de ses procédés et de sa conduite où n'apparut jamais l'ombre de finesse ou de déguisement. Je rapporte fidèlement ce que je trouve dans les notes de ses anciens élèves ; mais je ne puis rendre l'estime et la vénération qui surabondent dans les récits et témoignages de ses reconnaissants enfants. Les expressions dont ils se servent disent bien haut combien ils étaient édifiés de sa piété, combien sa douceur et sa bonté les gagnaient à Dieu et le respect profond qu'ils avaient tous pour lui.

L'homme qui possède l'esprit de Dieu, dit saint Jean Climaque, fait, à son insu, connaître qu'il est possesseur de ce riche trésor. Tout en lui répète l'action de ce divin Esprit. Sa tenue, sa démarche, ses gestes, ses actions, son sourire même accusent la présence de Celui qui a dit : « Apprenez de moi que je suis doux et humble de cœur. » En parlant à ses élèves, frère Angilbert est très modeste, il s'écoute, pour ainsi dire lui-même, pour ne laisser échapper aucune parole qui puisse sentir la vanité. S'il les loue, il a soin d'attribuer et leurs bonnes qualités et leurs succès à l'Auteur de tout bien. Pour lui, il ne se reconnaît aucun mérite et s'avoue incapable de rien faire de bon, tant il est vrai que ceux qui sont grands devant Dieu s'estiment d'ordinaire très peu à leurs propres yeux.

« L'orgueilleux ne demeure pas dans la maison du Seigneur. » Ps. 99.

Cette vérité pratique aiguillonne puissamment notre bon frère, pour l'aider à implanter dans le cœur de ceux qui lui sont confiés le précieux trésor de l'humilité.

Il répète à satiété : « Je regarde comme perdus pour la Congrégation, tous ceux qui se laissent persuader par l'antique menteur qu'ils sont quelque chose. » Et de crainte qu'on ne jette la triste semence de la vanité dans l'esprit des Juvénistes, il les tient à distance de tous ceux qui pourraient leur servir ce mortel poison.

« Méfiez-vous des louanges, leur répétait-il sans cesse ; méfiez-vous. Vous êtes perdus si vous mordez à ce hameçon. Vous avez des hommes soudoyés par Satan pour corrompre, par la flatterie, les âmes simples et candides qui, jusqu'à ce jour, se sont ignorées elles-mêmes. Restez simples et modestes, estimez-vous peu de chose, crachez à la figure de ceux qui vous encensent et vous resterez purs. Je n'ai pas encore vu un enfant orgueilleux sans découvrir bientôt après un triste nid de chenilles, hélas ! dans son pauvre cœur. N'oubliez pas que vous êtes les plus jeunes et les derniers venus dans la maison. Que le bon Père Champagnat ne vous donne une place à son foyer qu'à condition d'être toute votre vie l'enfant de cette Mère humble et modeste que Dieu a exaltée plus qu'aucune créature. Elle a été l'image vivante de l'humilité, de la simplicité et de l'aimable modestie. »

Pousser les enfants vers Marie et leur faire prendre son esprit fut l'objet constant et énergique du bon frère Angilbert, tout le temps de son apostolat au Juvénat

On dit communément, et non sans raison, que les enfants sont ce qu'on les fait. On les compare, non sans raison encore, à une cire molle qui prend l'empreinte qu'on lui donne. Frère Angilbert moulait ses élèves à l'esprit de la Congrégation ; il les rendait si simples et les faisait si aimables qu'on aurait pu dire de ses disciples ce que le Père de la Rivière disait de saint François de Sales : « Ces bénis enfants portent dans leur personne un je ne sais quoi de simple, de modeste et de bon qui captive ; leur visage est gracieux et reflète la pureté de leur âme : leurs yeux, doux et limpides, peuvent vous regarder avec l'assurance que donne une vertu qui s'ignore elle-même. »

Fénelon a dit quelque part, que les enfants ne devraient avoir que des modèles accomplis devant les yeux. Frère Angilbert aurait pu dire à ses disciples : « Faites comme vous me voyez faire. Je n'ai jamais su ce que c'était que le fard ; j'ai marché avec assurance parce que j'ai toujours marché avec simplicité. »

En un mot, au dire de tous ceux qui ont connu cet excellent religieux, il s'est montré en tout et partout et toujours un vrai enfant du vénéré Père Champagnat, un Petit-Frère de Marie dans la force du terme. Que N-S. nous en donne beaucoup de pareils !!!

## Combien Frère Angilbert a été charitable, reconnaissant.

Il est une fleur que le bon Dieu regarde avec complaisance dans le cœur de l'homme, et cette fleur vient du Ciel, c'est la Reconnaissance. Dans maints endroits de la sainte Écriture, nous voyons combien le Seigneur est jaloux, qu'on reconnaisse ses bienfaits, qu'on chante ses faveurs. Il trouve le peuple hébreux excessivement ingrat, lui reproche, par ses prophètes, son ingratitude, et envoie souvent contre lui, les nations voisines pour le châtier de son oubli et lui rappeler que tous les biens qu'il possède, il les tient de la libéralité de Celui qui l'a tiré de l'Egypte. Ses grâces de choix sont pour les Job, les Tobie, les Macchabées pour ces âmes nobles et reconnaissantes, et, pour nous dépeindre la noirceur, la laideur de l'ingratitude des Hébreux pour les bienfaits méconnus : bienfaits du désert, de la Terre promise, victoires multipliées sur leurs ennemis, bienfaits de toutes sortes, il ne faudra rien moins que les larmes du Fils de Dieu lui même, pleurant sur la triste et ingrate Jérusalem. Ah ! si notre bon Sauveur dédaigne les louanges, fuie les honneurs et s'échappe lorsqu'on veut le faire roi, il n'est pas insensible au cri de l'âme reconnaissante. Il reproche et reprochera jusqu'à la fin des temps, qu'on ne l'aime pas, que son amour est méconnu, outragé. Dans la guérison des dix lépreux, dans les révélations à la bienheureuse Marguerite-Marie, il ne peut taire la peine de son cœur, et les reproches du plus doux, du meilleur des Maîtres, nous disent bien haut, combien les âmes ingrates sont basses et vénales et combien il aime les cœurs affectueux, reconnaissants et qui le comprennent.

Frère Angilbert a été une de ces âmes bien nées qui savent reconnaître ce qu'elles ont reçu de Dieu et de leurs bienfaiteurs. A peine est-il entré en religion, qu'il sent le besoin d'ouvrir son cœur à la reconnaissance. Il écrit à son frère la lettre qu'on va lire: « J'ai de vives actions de grâces à rendre à Dieu pour la faveur inappréciable que j'ai reçue de sa bonté paternelle. J'ai été retiré du milieu du monde, où, malgré que je fusse en votre compagnie, je me serais perdu peut-être pour l'éternité. Le Seigneur m'a aimé. Je lui serai éternellement reconnaissant et fidèle. Pour vous, mon cher frère, je ne ne puis que vous engager à faire comme moi à le louer, à le remercier, matin et soir. Que nous ayons de lui la joie ou la douleur, la paix ou la tribulation, la fortune ou la pauvreté, la vie ou la mort, bénissons-le toujours, car il ne nous envoie rien que sa sagesse infinie n'ait trouvé bon et avantageux à nos âmes. »

Dans toutes les lettres qu'il écrit soit du Noviciat, soit des établissements, il ne cesse de répéter qu'on doit remercier Dieu, faire des neuvaines d'actions de grâce. En parlant aux Juvénistes, il revient sans cesse sur la nécessité de reconnaître les bienfaits reçus, à quelque ordre qu'ils appartiennent: « Oh! mes enfants, s'écriait-il dans une instruction, vous ne comprendrez le bienfait de votre baptême et de votre appel dans cette maison, qu'au moment de la mort. Et quelque chose que vous puissiez faire, vous ne vous montrerez jamais assez reconnaissant envers le bon Dieu, envers ceux qui vous prodiguent leurs soins. Ne me parlez pas des ingrats! C'est la pire espèce d'enfants que je connaisse. Si on ne travaillait pour Dieu, mieux vaudrait obliger les animaux que ces gens là. Oui, je vous le dit à dessein, mes enfants, il se trouve quelquefois des êtres s'imaginant que les soins qu'on leur donne ici leur sont dus et se montrent presque exigeants. Drapés dans leur petit et sot orgueil, ensevelis dans un égoïsme écœurant, ces tristes enfants sont presque étonnés qu'on ne leur brûle pas de l'encens devant la figure. Plus tard cet orgueil, tenu quelque temps caché, éclate, et alors on s'aperçoit, mais, c'est hélas ! trop tard, qu'on n'a élevé que des ingrats. Ils déchirent sans pudeur, pour la plupart, le sein qui les a nourris, la Congrégation à laquelle ils doivent cependant leur éducation scientifique et morale. S'ils vivent, ils le devront à celle qui n'est à leurs yeux qu'une marâtre, qu'ils payeront avec le dédain et le mépris. Tristes êtres, tristes enfants, tristes âmes qui n'auront pas davantage d'amitié et de reconnaissance pour les auteurs de leurs jours, qu'ils n'en ont pour ceux qui leur ont communiqué avec zèle et dévouement, les connaissances qui font les hommes, qui leur ont servi avec désintéressement le pain matériel et le vin généreux de la Doctrine !..... Dans mon laborieux, mais délicieux ministère auprès de vous autres, mes enfants, la seule peine que j'ai éprouvée, la seule pierre que mon pied heurte, hélas ! trop souvent, c'est l'ignoble ingratitude. Ah! je m'explique les larmes d'un Dieu pleurant sur des ingrats. Ecoutez-le, mes enfants, disant à cette ville qui creuse son sépulcre : Jérusalem, Jérusalem, j'ai élevé tes enfants, et il m'ont méconnu, ils m'ont méprisé!... Méconnaître le Fils de Dieu ! Mépriser le Fils de Dieu ! Et de qui tenons-nous l'être et la Rédemption ? Quel égoïsme, quel aveuglement! Ecoutez, mes enfants, la reconnaissance est fille du ciel, et elle y retourne; l'ingratitude est sœur de Satan, fille de l'orgueil et sa place est là où on n'aime pas!... qui de vous veut être ingrat ? »

Et cet enseignement, le bon frère le donnait à ses élèves avec un ton convaincu; sa conduite d'ailleurs s'harmonisait parfaitement avec ses paroles et ses sentiments. Quelque chose qu'on fît pour lui, ne fût-ce que lui rendre un léger service, il se montrait excessivement reconnaissant.

Malade, et lorsqu'on lui offrait des remèdes, quelques douceurs, son cœur si bon, si doux, si affectueux était sur ses lèvres pour remercier avec effusion ceux qui l'obligeaient. Lui faisait-on une visite, aux mouvements de sa main, aux traits de son visage, à ses yeux pleins d'affectueuses larmes, on voyait qu'il était infiniment obligé : « Je pleure, disait-il, sur la peine que vous vous donnez et le bonheur que vous me faites. »

Le frère infirmier se prodiguait pour soulager de toutes manières ce cher malade, et celui-ci se confondait en remerciements. « Qu'ai-je donc fait, disait-il, à tout instant, qu'ai-je donc fait pour être traité de la sorte? Je suis le dernier des frères, et je suis servi en prince. Aidez-moi à remercier le bon Dieu, disait-il sans cesse à son garde-malades; je suis incapable de le faire moi-même convenablement. Je suis heureux! oh ! oui, je suis heureux ! et mille fois heureux ! Merci mon Dieu! oui merci et mille fois merci. »

La charité est la plus excellente des vertus; elle est aussi le précepte principal de la loi et le cri du cœur de notre bon Maître! Frère Angilbert qui aimait Dieu de tout son cœur, le regardait comme un bon Père, et recevait avec une égale reconnaissance, de sa main paternelle et la joie et l'affliction. Sa pieuse mère lui avait appris, dans son enfance, à tout faire et à tout souffrir pour l'amour de Dieu. Le Seigneur qui ne met pas de bornes à sa tendresse pour ceux qui l'aiment, combla notre bon frère des grâces les plus abondantes, enflamma son cœur d'un zèle brûlant pour faire connaître et aimer Jésus-Christ; plaça dans son cœur une vive et tendre dévotion à Marie-Immaculée et à son chaste époux, le bon saint Joseph. Le zèle ardent qu'il avait pour la sanctification et le salut de ses enfants, nous disait à tous que son cœur était dévoré d'amour pour Dieu. Sa charité, pour le prochain répondait à l'amour qu'il avait pour Jésus-Christ. Que n'eût-il pas fait pour sauver une âme? Rien ne lui coûtait quand il s'agissait de rendre service à ses frères et à ses enfants. Chez lui, l'égoïsme était complètement détruit, l'amour de lui-même n'existait plus, il s'effaçait partout, s'oubliait entièrement pour ne voir que des services à rendre aux membres de J.-C.

Il n'ignorait pas que c'est un grand acte de Charité que de prier et faire prier pour la conversion des pécheurs et le soulagement des âmes du purgatoire. Sans cesse, il revenait sur cette douce obligation ! Sans cesse il rappelait à ses enfants, le besoin où ils étaient de songer aux nécessités du prochain. Le temps était-il à l'orage, il faisait prier à l'instant pour les voyageurs ; apprenait-il qu'une catastrophe, un grand malheur était arrivé quelque part, son cœur tendre et compatissant faisait au plus tôt appel aux prières de ses chers enfants pour venir en aide aux affligés.

« Mes chers enfants, disait-il un jour aux Juvénistes, si vous aimez J.-C. vous aimerez à vous humilier, vous aimerez la vie cachée. Cet amour vous fera fouler aux pieds les biens et les frivolités de ce monde, vous rendra tout facile, et vous fera avancer rapidement dans la voie du bien. Quand le feu prend à une maison, dit saint François de Sales, on jette tout les meubles par la fenêtre, de même quand l'amour de N.-Seigneur embrase une âme celle-ci s'empresse de faire tous les sacrifices pour plaire à N.-S.-J.-C. »

La charité de ce bon frère était sans mesure pour reprendre, corriger et conseiller ses enfants ; sa bonté, avons-nous dit, était inépuisable, pour les soulager dans leurs besoins et supporter leurs défauts.

« Jésus aime tant les enfants, répétait-il souvent à ses frères ; à notre tour, nous devons bien les aimer, et nous appliquer à les former sur l'image de l'Enfant Jésus. Car, ce que nous aurons fait au moindre de ces petits enfants, c'est à N.-S. lui-même que nous l'aurons fait. A cette marque, mes frères, nous reconnaîtrons réellement que nous aimons Dieu et les enfants. »

Notre bon frère Angilbert préférait l'union, la paix, le support mutuel, la charité, en un mot, à tout autre bien. Et, dans ce but, pour conserver ce précieux trésor, il supportait, prévenait, encourageait tout le monde avec force, mais avec une extrême douceur. Son affabilité, son amabilité, l'amour intelligent et actif qu'il porte à tous ses subordonnés fait dire à ceux-ci : « Vraiment notre frère Directeur a un grand cœur, une belle âme, un fond de paternité qu'on ne trouverait certainement pas chez le meilleur des amis. »

Il pardonnait toujours à ses enfants quand ceux-ci s'amendaient, promettaient de mieux faire ; et aucun d'eux, qu'on sache, n'est sorti d'auprès de lui sans être consolé, encouragé et puissamment poussé à devenir meilleur.

## Combien Frère Angilbert était digne.

« Les juges, les puissants de la terre sont en honneur, dit la Sainte Ecriture, mais nul n'est grand que celui qui craint le Seigneur. La gloire et la dignité du chrétien sont le témoignage que lui rend sa conscience, et la plus excellente noblesse est de connaître Dieu et d'observer ses commandements. »

Frère Angilbert, ce pieux enfant du Père Champagnat, mérite les éloges que donne le St-Esprit à ceux qui craignent le Seigneur et on a pu dire de lui ce que saint Jean a dit de Jésus-Christ : « Il nous a donné l'exemple, afin que nous marchions tous sur ses traces. »

Jamais rien chez cet excellent frère qui sentit la légèreté. En toutes choses, il s'est montré modèle à ses frères et à ses enfants. S'agissait-il de Dieu, de la religion, des cérémonies du culte, on le voyait traiter ces divines choses avec un respect et une dignité qui disait hautement combien l'esprit de foi était profond en lui. L'étude de notre sainte religion, l'explication du catéchisme, les avis et les exhortations à la vertu, toutes ces questions avaient à ses yeux une importance capitale, et les termes dont il se servait pour en parler étaient toujours empreints du plus profond respect et de la plus grande vénération : « Le chemin des préceptes est long, disait-il souvent à ses collaborateurs, mais celui des bons exemples est court et efficace. Suivons celui-là. Soyons toujours l'exemple pour ceux qui nous entourent. »

Aussi faisait-il une guerre implacable à toute tenue tant soit peu nonchalante ; les prières précipitées, les signes de croix mal faits, ne trouvaient jamais grâce devan, lui. « Quoi, disait-il dans une instruction vous cherchez à paraître avec convenance et dignité devant une personne honorable, vous vous composez pour lui parler avec respect et vous traiteriez le bon Dieu sans façon !! Vous prieriez avec négligence, et vous seriez en sa sainte présence comme des automates ! »

L'autorité était très forte, chez notre frère Angilbert parce qu'elle était douce et tout à fait paternelle. L'esprit de N.-Seigneur qui le dirigeait dans toutes ses actions lui permettait d'être partout et toujours pour ses élèves, un modèle accompli de l'homme digne, de l'homme uni à Dieu et n'agissant que par l'impulsion de Celui qui a dit : « *Apprenez de moi que je suis doux et humble de cœur.* » Chaque enfant était reçu chez lui avec une grande bonté, jointe à une politesse qui lui servait de leçon, et quelque chose qu'on lui demandât on était sûr d'être écouté et exaucé, si la chose paraissait possible. Les refus étaient accompagnés de tant de sincérité et de bons procédés qu'on se retirait également content, soit qu'il acquiesçât à la demande, soit qu'il refusât.

Il ne pouvait se faire à l'idée de rudoyer un enfant quels que fussent ses torts. Reprendre doucement et avec politesse, conseiller, redresser, montrer la beauté de la vertu et la laideur du vice, avec des paroles polies, honnêtes, des procédés doux, fermes et dignes, telle était sa manière de faire envers tous les sujets confiés à ses soins. Inutile de dire qu'avec ses supérieurs, il était l'enfant le plus soumis, le plus respectueux ; et, dans quelque costume que lui apparût l'autorité, on était sûr que frère Angilbert verrait, au travers, l'autorité de Dieu.

Un inspecteur primaire, après une visite faite à la classe de ce digne frère, disait au frère Directeur de l'établissement: « Vous avez, mon frère, un bon sujet dans telle classe ; là tout est à sa place ; j'ai peu vu de casiers aussi bien en ordre, les livres et les objets classiques en meilleur état. Votre frère s'occupe sérieusement de ses enfants. Quant à leur tenue, elle est irréprochable ; il est vrai que les enfants de cette classe ont un beau modèle devant les yeux : votre frère est un digne instituteur. »

Il aurait pu ajouter, ce bon Monsieur, que frère Angilbert était mieux et bien mieux encore un digne religieux pouvant dire à ses disciples, sans démenti : « En toutes choses je me montre votre modèle; vous pouvez voir en moi l'exemple de la vertu, de la droiture, de la conduite irréprochable. Mon enseignement, mes actes, mes paroles, sont toujours d'accord avec mes œuvres. Et puisque je dois guider la jeunesse, je tiens à laisser le souvenir d'une vie exemplaire. »

Frère Angilbert était très bon, mais ferme. Il aurait pu s'approprier la devise du Père Lacordaire : « Bon comme une mère, fort comme le diamant. » Ses projets contrariés, sa manière de faire critiquée, son œuvre blâmée, tout cela s'amortissait sur cette âme toujours calme, se possédant à merveille dans les tourmentes les plus fortes, et c'est à lui qu'on aurait pu appliquer la parole de saint Cyprien : « Un homme de bien, qui a Dieu dans son cœur, sa crainte devant les yeux, ne peut être vaincu. »

« Laissons dire les hommes, disait-il souvent; c'est un son que le vent emporte, faisons dignement notre besogne, et Dieu saura bien faire triompher notre cause. »

« Pourquoi vous tourmentez-vous, disait-il un jour à un professeur que quelques critiques décourageaient ? Pourquoi vous troublez-vous ? Est-ce pour Dieu ou pour les hommes que vous travaillez. Je comprends votre trouble si vous bâtissez pour la terre, mais je ne m'explique pas que vous puissiez être tant soit peu ému de quelques paroles de blâme, si votre cœur s'élève plus haut !.. » Et comme ce même frère tenait un journal à la main, il ajouta : « Je vous conseille de quitter cette feuille, cela est bon pour les oisifs. Quand on puise sa religion, sa force morale, son caractère dans un journal, on peut se laisser facilement émouvoir par quelques contrariétés.

« Asseyons nos principes sur d'autres bases, cher ami, et qu'au lieu d'un journal, on nous surprenne avec l'Imitation de J.-C. Les religieux ont autre chose à faire qu'à perdre ainsi leur temps, pour épouser les opinions douteuses de certains hommes qui défendent lucrativement des causes empruntées; causes qu'ils jetteront à l'eau dès que leur profit se trouvera menacé. Il suffit, mon frère, à un religieux de savoir ce qu'il doit à César : la politique ne le regarde pas davantage qu'elle ne regarde une mère de famille chargée d'enfants. »

Réponse et admonition dignes d'un homme sérieux et qui avait fait de sa vocation une affaire sacrée, capitale. Oui, la formation des frères, la garde de l'âme de ses enfants, étaient l'objet de ses préoccupations continuelles; il ne négligeait rien pour maintenir les uns et les autres dans la pratique de toute honnêteté, de toute dignité intérieure et extérieure; c'est pourquoi, comme il est écrit que la démarche de l'homme et le rire de ses lèvres et les vêtements de son corps parlent de lui, s'il voyait quelqu'un de ses enfants, surtout, manquer de tenue en quoique ce fût, il ne le supportait point. Et, chaque jour, à moins d'empêchement, il revenait sans cesse, dans ses avis, sur l'obligation pour tout religieux instituteur, non seulement de paraître digne, mais de l'être en réalité et devant Dieu et devant les hommes.

*Beati qui in Domino moriuntur.*

Frère Angilbert ne s'était jamais ménagé ; sa santé fortement ébranlée en 1880, se trouvait gravement compromise l'année suivante ; une pharyngite s'étant déclarée, il se vit forcé à un silence rigoureux, absolu.

« Je vais essayer de me traiter, écrivait-il en cette circonstance, car si cela passait à l'état chronique, je ne serais qu'un membre inutile, un embarras à la Congrégation, et je désire travailler jusqu'au bout. »

Après quelques jours de traitement, la maladie prit une autre phase : elle se porta au cœur. Le bon frère ne se fit pas illusion ; il pria alors le Docteur de lui dire franchement où il en était et s'il devait en avoir longtemps encore à souffrir dans cette vallée de larmes. La réponse du médecin aurait été bien terrifiante pour bien des âmes, celle de notre ami surabonda de joie : « Jésus-Christ est ma vie, s'écria-t-il, et la mort m'est un gain..... Je prendrai tous les remèdes qu'on me donnera en y mettant une entière soumission à la très sainte, très douce volonté de Dieu. »

Son état de faiblesse augmentant rapidement, il se vit obligé de garder le lit, et de dessus ce nouvel autel, cette tendre victime donna aux nombreux visiteurs qui eurent le bonheur de l'approcher, les plus beaux exemples de patience, de résignation, d'aimable gaîté et de vive gratitude, pour les moindres services qui lui furent rendus.

« Oh ! mon Dieu ! s'écria-t-il souvent, qu'ai-je donc fait pour que vous me traitiez avec tant de bonté et de miséricorde. » Et se tournant un jour vers son garde-malades : « Frère, lui dit-il, pensez-vous qu'il y ait un puissant de ce monde aussi heureux que moi ? Je ne changerais pas ma place pour n'importe quel trône ! Je voudrais que tous mes enfants fussent ici et connussent mon bonheur. Peut-être que je me fais illusion ! Mais je suis si heureux que ne je puis contenir ma joie !... Qu'il me sera doux de mourir si je puis conserver ces sentiments jusqu'à la fin !!! Mais je l'espère de la Sainte-Vierge, ma bonne Mère ! »

Un frère assistant étant venu le voir lui dit : « Mon cher frère Angilbert, d'après un récent décret, monsieur l'inspecteur peut venir visiter le Juvénat. » « Ah ! s'écria le bon frère, si nos gouvernants étaient à ma place, ils ne se donneraient pas tant de mouvement pour faire parler d'eux ! Je crois qu'ils ne seraient pas si heureux ! Faites, s'il vous plaît, venir mes chers enfants, afin que je leur donne un dernier gage de mon amitié bien sincère. »

On ne crut pas prudent, vu l'état de faiblesse du cher malade, d'appeler tous les Juvénistes à la fois ; on n'en conduisit qu'une dizaine. Promenant alors son regard très affectueux sur ses chers enfants, il joignit les mains, leva les yeux au ciel, les paupières pleines de larmes et leur dit en faisant un suprême effort pour être entendu de tous : « Mes chers enfants, appliquez-vous à acquérir la piété, l'humilité et la franchise, vertus que je vous ai tant recommandées. Avec la piété, vous obtiendrez toutes les grâces qui vous sont nécessaires pour vivre un jour en bons chrétiens, en parfaits religieux ; par l'humilité, vous vous conservez agréables à Dieu, vous supporterez, vous serez patients : J'ai eu des difficultés, j'ai plié, j'ai patienté et je les ai vaincues. La docilité et la franchise vous donneront les cœurs de tout le monde, de vos supérieurs surtout. Soyez francs, sincères, et ne cherchez jamais de détours ; allez y simplement et vous marcherez avec assurance. Aimez Jésus, aimez Marie. Cette bonne Mère vous bénira comme elle m'a béni. Elle vous protégera comme elle l'a fait plusieurs fois pour votre pauvre directeur. Je vous remercie bien des prières que vous faites au Juvénat pour moi. Vous prierez aussi après ma mort. Soyez bien sages ! Soyez tous fidèles ! »

Ici, la parole lui manqua.

Après quelques instants de repos, il continua ainsi: « Dites tout ce que j'ai dit à vos chers camarades. Si vous saviez, mes chers enfants, combien je suis heureux ! heureux ! heureux ! Puisse ce bonheur vous être donné !... » et son visage était illuminé ; un rayon de la gloire des bienheureux paraissait donner la vie à cette figure, naguère si pâle et si défaite. Tous les enfants se retirèrent alors, en pleurant, et notre bon frère retomba sur son chevet avec une lassitude telle qu'il ne lui fut plus possible de prononcer un seul mot le restant du jour. La nuit fut pénible, mais on ne l'entendit jamais se plaindre. Le lendemain, il parlait si bas qu'on avait de la peine à le comprendre. Pendant la soirée, à tous ceux qui vinrent le voir, le bon frère ne cessa de répéter qu'il fallait bien aimer la Sainte Vierge, que nous ne l'aimions pas assez. Ayant fait appeler un des frères qui le soignaient : « J'aurais, lui dit-il, un service à vous demander ; voudriez-vous me le rendre ? Prenez une plume, je désire vous dicter mes adieux, » et ramassant le peu de forces qui lui restaient, il se pencha le plus qu'il put vers son confrère pour lui dicter ce qu'on va lire. « A ce moment suprême, repassant dans mon esprit les immenses bienfaits que j'ai reçus du Seigneur, dans la vie religieuse, je surabonde de joie et de reconnaissance.

« Oh qu'il m'est doux, le souvenir des jours écoulés dans le service du bon Dieu ! Qu'elle m'est délicieuse la pensée de la protection toute spéciale avec laquelle la divine Providence m'a assisté dans ce saint état !... Comme les peines et les afflictions de la vie ont été adoucies par le baume de la grâce et de l'amour, elles sont maintenant changées en allégresse par l'espérance d'une vie infiniment heureuse, que me donnera le bon Sauveur !

« Oh ! Dieu quelle n'est pas ma joie, ma reconnaissance aussi ! Dans cette retraite sûre de la vie religieuse, le bon Dieu a gardé de moi tout ce qui pouvait nuire à mon âme. J'ai été cet arbre dont parle le prophète, planté le long des eaux. Mais hélas ! ai-je porté des fruits?... Mais je suis heureux à la pensée que notre bon Jésus m'attend malgré mon indignité : j'ai toute confiance en lui !! Il sait que j'ai voulu l'aimer et le faire aimer. Je sens que je m'en vais. Je n'ai plus qu'un souffle de vie. Je suis content de mourir, puisque Dieu le veut. La Sainte Vierge m'assistera, j'en suis sûr. Elle a été si bonne pour moi !

« Je meurs plein de respect et de reconnaissance pour nos chers supérieurs. Je prie le Seigneur de leur rendre leur tâche facile, de les aider en tout, pour qu'ils puissent conduire au ciel tous les membres de notre chère Congrégation !

« Je remercie tous les frères qui m'ont fait du bien : je prierai pour eux : je meurs content de savoir que mes chers Juvénistes vont bien. Oh ! combien je les engage à être sages, à persévérer. Je ne pourrai les oublier. Si tous ceux que j'ai dirigés étaient témoins de mon bonheur, ils n'aimeraient pas le monde. Que le bon Dieu les mène tous au ciel ! O ciel ! beau ciel ! quand te verrais-je ? adieu, adieu ! » *Signé* : Frère Angilbert (Fait à Saint-Genis, le 17 juin 1882.)

Toujours content, toujours joyeux, il voit ses forces diminuer sensiblement, ses membres enfler, les mains lui refuser leur service. « Tant mieux, dit-il, la maison croule à grand train : je serai bientôt libre. »

Et, tout son temps se passe en actes de reconnaissance lancés comme une flèche vers le ciel, ou en sentiments affectueux épanchés fraternellement dans le sein de ceux qui l'entourent. « Jamais, disait un frère, je n'ai vu un homme si heureux. » Mais cette belle âme ne quittera pas la terre d'exil sans dire encore un adieu à ceux qui lui ont été chers et qu'il a laissés dans le monde. Au lendemain de ses adieux faits à ses confrères, il prie celui qui avait bien voulu lui servir de secrétaire, de vouloir bien prendre la plume pour témoigner une dernière fois à ses bien aimés parents combien il les aimait. Voici cette lettre que nous devons à la bienveillance d'un ami :

« Mes chers parents,

« Depuis que la maladie m'a cloué, je ne dis pas sur un lit de douleur, mais de bonheur, je vous ai tenu au courant de ma situation par la main complaisante de l'un de mes confrères. Aujourd'hui, sur le point de paraître devant Dieu, j'emprunte encore la main de mon cher garde-malades pour vous exprimer une dernière fois les sentiments bien affectueux de mon cœur. D'abord vous m'aiderez à remercier le bon Dieu de ma vocation religieuse, des mille soins dont j'ai été entouré pendant ma longue maladie. J'ai été couvert de bienfaits, en santé et jusqu'à ce moment. J'ai été l'objet des plus minutieuses attentions et de Dieu et des hommes. Je meurs heureux et content au service du bon-Dieu, mais, sur le point de paraître devant lui, permettez que je vous dise de songer bien sérieusement aux affaires de votre âme. Que vous servira d'avoir gagné l'univers, si vous venez à perdre votre âme. Faites grandir mes chères nièces dans l'innocence et dans la vertu ; tenez-les loin des lieux publics, des regards mondains. Ce qui pare le mieux une jeune fille, c'est la piété, la modestie et la fuite du monde. Ces chères nièces feront votre consolation, votre honneur et viendront avec vous me rejoindre dans le ciel. Vivez en bons chrétiens. La vie est bien courte et au moment de la mort nous serons heureux d'avoir fait quelque chose pour Dieu et pour le salut de nos âmes. Adieu, chers et bien-aimés parents, au revoir dans le sein de notre bon Père. Je vous embrasse tous d'esprit et bien affectueusement dans le cœur de notre Notre Seigneur.

« Frère ANGILBERT. »

Après avoir signé cette lettre, notre cher malade entra en colloque avec Notre-Seigneur, la sainte Vierge, saint Joseph, dont les images étaient appendues sur les rideaux de son lit. Le Père aumônier lui ayant dit: « Désirez-vous quelque chose mon bon frère. » — « Oh mon père ! J'ai reçu tous les sacrements. Je suis couvert de bienfaits. Donnez-moi l'absolution pour m'ouvrir les portes du ciel où je suis impatient d'entrer. » Le frère Angilbert à ce moment se recueille, incline doucement la tête et sur ses lèvres passe un rayon de joie qui semble venir du ciel. Il reçoit ainsi cette dernière faveur spirituelle avec un sentiment de profonde gratitude. Quelques instants après, il ne voit plus, mais aux mouvements de ses lèvres et à la joie qu'il manifeste, on devine aisément les sentiments de son cœur. Vers huit heures du matin, 27 juin 1882, au moment où les frères du Juvénat à genoux autour de son lit récitaient les prières des agonisants, notre bon frère Angilbert, en pressant le crucifix contre ses lèvres, s'endormit doucement dans le Seigneur, sans douleur et sans effort.

*La mort du juste est précieuse aux yeux de Dieu* (Ps. 115).

La sainte vie de notre digne frère, vie couronnée d'une telle mort nous dit à tous: « Marchez sur mes traces. Comme moi, donnez-vous tout entier et sans marchander, aux œuvres de votre sainte vocation. Comme moi, fuyez le monde. Comme moi, soyez courageux et dignes. »

Juvénistes, celui que vous pleurez et qui fut votre père et bon ami, attend de vous autre chose que des larmes. Soyez, comme il vous l'a dit bien des fois, des enfants de piété, de soumission et de courage ; soyez bien ouverts, soyez généreux, et vous serez dignes d'un maître qui ne vivait que du bonheur d'être lui-même excellent religieux et de faire des hommes, selon le cœur de Dieu.

# LES PRÉMICES
## DU
# JUVÉNAT
## DE
## St-GENIS-Laval

### Heureux enfants !

Dans le courant de l'année 1881 deux disciples du cher frère Angilbert furent ravis à l'affection de leurs maîtres et de leurs parents. On lira avec intérêt les quelques détails, qu'on donna au Juvénat, sur les derniers moments de ces enfants.

## Claude Dubuis

*Voici la lettre que le cher frère Directeur de Cuinzier adressa, le 18 mai 1881, au Directeur du Juvénat pour lui annoncer la sainte mort, dans sa famille, de Claude Dubuis :*

*Mon bien cher Frère,*

Claude Dubuis, votre petit Juvéniste, vient de quitter cette terre ; il est mort hier, mardi, vers les trois heures de l'après-midi. Quelques jours après son retour ici, dans sa famille, on aurait dit qu'il reprenait un peu de force. Sa mère se préparait, il y a quinze jours, à faire le voyage de Cours pour voir quelques parents; le jeune Dubuis voulut y aller avec elle, pensant qu'un petit voyage lui serait favorable. Mais le contraire est arrivé. A peine fut-il rentré chez lui, qu'il se mit au lit pour ne plus se relever. Dès les premiers jours de sa maladie, je crois que c'était le troisième, il a demandé lui-même M. l'abbé, afin de se confesser et de recevoir Notre-Seigneur pour se préparer à la mort. Il a reçu les derniers Sacrements avec une piété qui a attendri tous ceux qui se sont trouvés à cette cérémonie. Il s'est connu jusqu'au dernier moment. La mort a été édifiante et sans agonie. Aussi, il n'a pas changé ; et, en le voyant, on aurait dit qu'il reposait. Il a été très bien soigné, le médecin est venu dès le premier jour. Sa mère et sa sœur lui ont prodigué tous les soins possibles ; elles ne l'ont pas quitté un instant. Mais tout a été inutile ; l'heure de ce cher enfant était venue : il a fallu quitter cette terre pour une meilleure, à n'en pas douter.

Son esprit n'était pas à Cuinzier, il avait hâte de guérir pour retourner à Saint-Genis. Les derniers jours de sa maladie, il se trouvait, par moments, dans le délire, il ne parlait que des Frères de Saint-Genis, de ses maîtres, de ses camarades du Juvénat.

Je n'ai pas eu l'avantage de le connaître avant son départ ; mais, depuis son retour au pays, il a été un sujet d'édification pour nos enfants et pour tout le monde. On a été émerveillé de sa bonne tenue, de sa piété, de la réserve qu'il apportait dans toutes ses paroles.

Les premiers jours qu'il passa dans la paroisse, à son retour de Saint-Genis, il fut accosté par un de ses anciens camarades qui lui avoua, peut-être pour le dégoûter, qu'il ne voudrait pas aller au Juvénat ni se faire frère. Dubuis lui répondait avec animation : « Si tu en avais goûté tu ne voudrais pas en revenir. »

J'ai pensé, mon cher frère, que ces quelques détails sur la maladie et la mort de ce cher Juvéniste pourraient vous intéresser et faire plaisir à ses camarades.

Veuillez me donner une petite part aux prières de votre chère jeunesse et me croire votre très humble serviteur.

Frère FERGEUX,
*Directeur.*

## Louis Beray

Le jeune Beray, d'une famille très chrétienne, nourrissait, dès l'âge de dix ans, la pensée d'imiter l'un de ses cousins qui fait partie de l'institut des Petits Frères de Marie. Il voulait, disait-il dans son langage enfantin, être frère comme lui.

Un jour, il avait alors treize ans, il alla rendre visite à son oncle Louis, résidant à Apprieu (Isère.)

Cet oncle, qui est dans l'aisance, avait été, depuis peu, guéri miraculeusement d'une maladie incurable à l'occasion d'un pèlerinage à N.-D. de la Salette. Il dit à son neveu : « Ecoute, Louis, je te ferai mon héritier ; tu feras valoir le domaine et tu en seras le maître après ma mort.» A la grande surprise de cet oncle, le jeune Beray répondit : «Je veux faire mieux que cela. » L'oncle ne comprit pas d'abord la signification de cette réponse. Mais, quelques mois après, voyant son neveu entrer au Juvénat de Saint-Genis-Laval, il se rendit compte de la parole de l'enfant. C'est lui-même qui a raconté ce trait de détachement dans une visite faite au jeune Louis, quelque temps après son admission au Juvénat. Enviant le sort de cet enfant, cet excellent chrétien ne pouvait assez l'admirer et le féliciter d'avoir su ainsi faire mieux et, tout ému, les larmes aux yeux, il l'engageait à poursuivre, jusqu'à la mort, une carrière qu'il eût été si heureux d'avoir embrassée lui-même.

Entré au Juvénat le 2 mars 1880, le jeune Beray se distingua, dès les premiers jours, par une conduite exemplaire qui ne se démentit jamais. On le voyait constamment pieux, modeste, appliqué et obéissant.

Il passa au noviciat le 2 novembre de la même année, huit mois après son admission au Juvénat. Il se montra au noviciat, le modèle de ses condisciples.

Dès les premiers mois de 1881, sa santé commença à décliner. Les soins les plus empressés lui furent prodigués, mais sans obtenir d'amélioration sensible. Le médecin de la maison fut d'avis de l'envoyer respirer l'air natal. Ce fut pour le jeune Louis une bien triste nouvelle ; il déclara qu'il aimait mieux mourir chez les Frères que d'aller se guérir dans sa famille. Ses parents, avertis de la décision du médecin se rendirent en hâte à l'Hermitage pour l'emmener. Il ne consentit à les suivre que sur l'invitation formelle du frère directeur qui lui fit comprendre que telle était la volonté de Dieu.

Rendu chez ses parents, la maladie suivant son cours, il se montra toujours d'une résignation parfaite.

Quelques personnes s'étant permis, à diverses reprises, de critiquer les Frères en sa présence, il prit leur défense avec une énergie incroyable, réfutant toutes les objections et réflexions peu convenables qu'on lui faisait. S'il ne pouvait obtenir le silence, il prenait un air sérieux, se taisait ou se tournait de l'autre côté.

Ses derniers moments furent si beaux, que son confesseur ne pût s'empêcher de s'écrier : « Cet enfant est si bien disposé à mourir, et si désireux d'aller recevoir la couronne qui l'attend au ciel, que, vraiment, je me demande si l'on doit désirer sa guérison. »

C'est dans ces admirables dispositions que le jeune Louis Beray rendit à Dieu sa belle âme, le 28 avril 1881.

# TABLE DES MATIÈRES

Au Lecteur. . . . . . . . . . . . . . Page 5
Origine et vocation de Frère Angilbert 9
Combien Frère Angilbert aimait sa vocation. . . . . . . . . . . . . . . . . 16
Combien Frère Angilbert aimait la Prière. . . . . . . . . . . . . . . . . . 21
Combien Frère Angilbert a été régulier. . . . . . . . . . . . . . . . . . . 30
Combien Frère Angilbert aimait l'obéissance. . . . . . . . . . . . . . . . 35
Combien Frère Angilbert a eu l'esprit de sa Congrégation. . . . . . . . . 40
Combien Frère Angilbert a été charitable, reconnaissant. . . . . . . . . 46
Combien Frère Angilbert était digne. 54
Beati qui in Domino moriuntur . . . 59
Les Prémices du Juvénat. . . . . . . 69
Claude Dubuis. . . . . . . . . . . . 70
Louis Beray . . . . . . . . . . . . 72

48

www.ingramcontent.com/pod-product-compliance
Lightning Source LLC
LaVergne TN
LVHW050619090426
835512LV00008B/1568